AF607037
AVERSO

DE LA MANO DEL AIRE

Gregorio Dávila de Tena

Número 39 de la Colección **AVERSO POESÍA**

De la mano del aire

Edición al cuidado de Averso Poesía
www.aversopoesia.com

hola@aversopoesia.com

Primera edición: octubre de 2024
ISBN: 978-84-10027-41-1
Depósito Legal: GR 1321-2024

Impreso en España - *Printed in Spain*

El papel utilizado para la impresión de este libro está calificado como papel ecológico y procede de bosques gestionados de manera sostenible.

DE LA MANO DEL AIRE

Gregorio Dávila de Tena

De la mano del alba
mi niño viene...
De la mano del aire
mi niño pasa...
Isabel Escudero. Trilogía del niño amor /
cantado por Amancio Prada en Nana de Cupido.

He caído tantas veces que el aire es mi maestro.
Luis Rosales

Toda mi vida es canto, y canto como respiro.
le dijo un esquimal a Knud Rasmussen.
De Ernesto Cardenal. Antología de Poesía Primitiva

Busco el amparo en las raíces
respiro un bosque de linajes
un suave aliento entre las ramas.
Quizás nos enmadre la Poesía
como un olmo lleno de pájaros
cobija en los días de lluvia
a los potros recién nacidos.

I

UN RESPIRAR EN PAZ

La poesía es un respirar en paz
para que los demás respiren.
JORGE TEILLIER

Unidad

Hoy no quiero nombrar las cosas
sino hilarlas con la mirada
quiero vagar
            de mí hacia las cosas
esparcir este cuerpo
            dinamitar los límites
            abrir los poros
licuar todo el aire en mi voz
estrujar el tiempo en minutos
            —un estruendo de mirlos—
fundir la escarcha de la alberca
            y ser agua en el viejo estanque.

Cambio de viento

ganarle unos metros a la oscuridad...
solo se trata de eso.

Isabel Bono

Muchos días se tiñen
con el color de la memoria:
el color pardo en la tarde de novillos
un verde de helechos en la penumbra
el azul que cabalga en las montañas
y desmorona el Ártico.

Hay días sin color ni memoria, me dices
—y asiento con el rostro—
y te ayudo a pintar la tarde con cerezas
a perfumar la cama de silencio.

Hay días que son madrugadas
donde sólo el aroma de los nardos
mantiene una brizna de vida.

Y hay noches en que vuelve la alegría
—no sabes cómo ni de dónde—
pero vuelve
como un viento de dicha
a salpicar de pétalos la sangre.

LA BRISA EN LA RETAMA
antes de amanecer

las florecillas caen
l e n t a m e n t e
hacia el abismo.

Indecisa luz

Esta perplejidad es la conciencia.
ANTONIO GAMONEDA

Entro en un huerto de muros cuarteados
donde un cielo gris bucea en el pozo
y los mirlos cantan en el brocal.

Al fondo palidece un arcoíris
unas ranas de lluvia
se acuclillan entre los juncos
y la madre hilvana el cabello de su niña.
Todas las madres hilvanan el mundo
y esperan.

Un sol indeciso quiebra la escarcha
descubro corazones de manzana
acribillados por el frío
encuentro sicomoros para las cuentas del rosario
—el «árbol de la paciencia» lo llaman—
y queda la luz perpleja en mis manos.

No sé si entro en un huerto
o salgo de un letargo
—en el árbol parlan cotorras—
ya no veo a la niña ni a su madre
—su cabello en mis manos—
y no sé a dónde irán estas palabras.

EL SOPLO DE LA LUMBRE
por las escombreras de otoño

vuelven las garzas
—vuelan las garzas—
hacia los chopos.

Cosas que lleva un poeta en la mochila

[...] estoy criando la rosa
que se ríe de Saussure.
JUAN CARLOS RECHE

La flor de azahar de un naranjo amargo
las sandalias que besan los guijarros del río
la claridad perdida (luz de Blanca Varela)
la máscara para los recitales
tijeras de podar la rosa de Saussure
un metro láser para medir el horizonte
los frutos del lentisco
una interrogación
y el pulgar de la duda.

El anzuelo de Carver
                    y su poema a Antonio Machado
un cuenco de risas por si la pena
una muñeca rusa huérfana (¡pobre Rusia!)
un ukelele para los días de alegría
          y para los agrios algo de miel
el mapa que rastrea la urdimbre de las cosas
un lápiz de silencio y la goma de palabras
la cajita con sílabas humildes
un grano de mostaza
                    y la semilla de un temblor.

Respirar (1)

(Al poema "Escribir" de Chantal Maillard)

Nacer es respirar la luz.

respirar

el viento rasga el velo de las aguas
el barro desnudo forma los huesos
y el primer soplo dilata los labios

respirar
                    para crear

como parir el aliento
como alentar el parto
          para nacer
          como un aullido remoto

respirar

como el umbral de la vida
          sostén de un deseo que espera
como la fuga hacia la muerte
          nos mudamos de una tina a otra tina
          entre palabras sin sentido

respirar

un hilo que une el mundo
        en un mismo aliento
un solo corazón
        bombea
        toda la sangre del cosmos

respirar

como resoplan las ballenas
        el anfibio busca la ventisca
        y las encinas purifican el aire

veo al viejo marino pasear por la playa
        las gaviotas airean su cabello
                y el mar permea en sus manos

respirar

a veces me ahogo
        con apneas en medio de la noche
a veces olvido...
        respirar

para ahuyentar la angustia,
para orbitar galaxias
        como quien calla
                y musita el rezo de los pájaros

respirar

para echar el ancla en el regazo
                    el anzuelo en la entraña
para sanar la grieta de la úlcera
para unir los bordes de la herida

respirar

como una lenta aurora boreal
                como la sangre y las mitocondrias
                intercambian el oxígeno y el carbono

como quien abre un campo de girasoles
                o vierte cerezas en la nata
como oler las flores de un manzano viejo

II

LA MÚSICA DEL AIRE

Se dicen los poemas
que ensanchan los pulmones.
GABRIEL CELAYA

Del enigma al canto

De noche, hay quienes comprenden
lo que dice la hierba.

Charles Simic

Tras el ocaso de la niebla
                    intento comprender:
el cuervo grazna un siniestro «¡Jamás!»
y el ruiseñor del bosque
                    tiñe la tarde con su canto.

Llega la noche y entro en la cabaña
donde alguien ha dejado
una pila de libros en la cuna
donde el niño ya duerme
                    y el viejo ha olvidado las letras.

¿Por qué el viento abre túneles
                    entre los almendros y las ventanas?
¿Por qué el viento derriba
                    el trabajo del artesano ciego?

No sé qué significa el graznido del cuervo
ni sé dónde están los claros del bosque
pero al llegar la aurora el niño se despierta
y el girasol abre sus pétalos.

Callo y alguien escribe
—el aire me enseña—
el artesano recoge sus piezas
d e s p a r r a m a d a s
mientras Borges recita los dones de los justos
y la plaza vacía
se llena con su canto.

CON EL LATIDO DE LA NOCHE
la ventisca precipita la nieve

El aire canta, el agua canta
las manzanas de oro en nuestras manos.

Ciudad otoño

horas y horas de soledad...
para que se forme algo...
para dar estilo al caos.
Pier Paolo Pasolini
(La religión de mi tiempo)

Amanece la lluvia
y el tráfico se enreda por las calles.
Un anciano, sentado en su andador
sonríe a este mundo que pasa
ofuscado y perdido.

El sol vacila por el horizonte
y yo tanteo la mañana.
La ciudad otoñea
con la hojarasca en las plazas vacías.
Las farolas se inclinan
a husmear en la acera
y unas palomas grises
miran la ansiedad de la gente.
Ningún poema puede ordenar este caos.

Tras el cristal cruje la tiza
monotonía del tiempo en la clase.
El viejo profesor se hace preguntas
pero ¿quién puede responder?
(Jania ya se marchó)
sólo queda el consuelo de unos versos.

Leo a Janés y el río de la nada
se apacigua
la lluvia dibuja sus charcos
mientras el mirlo picotea
las migajas del día.

En la plazuela solitaria
cartonea un mendigo
y una campana anuncia
el cierre de la noche.

VUELVE LA LLUVIA CON SU ENIGMA
y el cierzo se desliza entre los juncos

la vela se despierta con un temblor de llama
la madera es espiral de silencio.

Partir

Alguna vez volveremos a ser.
ALEJANDRA PIZARNIK

Te marchas Alejandra
con un blues en los huesos
          y la voz triste de los fados
con dentelladas en la aorta
          hacia una noche de amapolas negras
          donde la nieve entona su lamento.

Al partir
          dejas aullidos en la jaula
          soles negros para las cicatrices.
Te marchas con pupilas de silencio
          y la ebriedad de las sabinas.

Yo no conozco ningún ángel
ni domino un relato multiverso
          sólo sé de este cuerpo ajado
          de mi garganta enrojecida
          con una tos de funeral.
Sólo me queda un verso en la recámara
          para ti
          y tu espera de lila en los andenes.

Vuelve, Alejandra, sal del sueño
          ya regresan los trenes
          se derriban los túneles
          y los pájaros se colman de cielo

Dios está azul

Sí, vuelve a nosotros tu rostro
mira ya en flor el árbol de Diana
mira hundida en el mar
la piedra gris de la locura.

Respirar (2)

Me he sentado en el centro del bosque a respirar.
ANTONIO COLINAS

respirar

las llaves de mi casa
cayeron en el pozo
me sumerjo a buscarlas
la presión en los oídos
las atrapo y salgo a la superficie
¡respirar!

variaciones del aire por la garganta

el suspiro de la joven parturienta
el jadeo excitado del adolescente
el canto ebrio de las bacantes:
¡evohé, evohé!

tus poros exhalan miel del corazón
gritas dulcemente
gemidos de placer arañan mi espalda

respirar

por los agonizantes
por el asma de los bosques
por la asfixia de la tierra
por los mares ahogados en plástico

respirar
con aleteos de primavera en los pulmones
de bronquios florecidos
de vida en las fosas
nasales

respirar
la palabra lluvia
respirar la tierra
mojada
con la piel de la lluvia
con la mano de la nieve
una boca entre el viento y la niebla
grita ciclones de rabia

respirar

el quejido de un cante:
el aire lloró al ver las duquelas en mi corazón
el regalo de la nana
la caricia de un madrigal
¡amor, amor! en gorjeos de copla

respirar

entre corcheas y redondas
la niña ciega canta el ángelus
ante los ancianos
que no inspiran la noche

un blues mendigo surca
la boca del lobo
en el túnel

respirar vendavales
Zeus amaina
y la brisa trenza el aliento
ante un retablo de fieras amansadas

respirar

como si nunca
como si adentro
por tantas veces
como frontera y pausa
puente entre la lumbre y la dehesa

respirar

el saltamontes y la abeja llenan sus tráqueas
el pulmón en la concha del caracol
la lombriz con su piel húmeda
las branquias del tiburón se abren
¡maravillas del aire penetrando los cuerpos!

por la montaña donde clarea la nieve
el sol abruma
y la pureza del aire limpia el recelo

me baño en el río y mi piel respira el agua
respiro el oxígeno y el agua
las pupilas aspiran el azul que viene de los cedros

[respirar es un acto poético...

respirar
el aire en el acorde del verso
los tuareg con sus primeras canciones
los romances medievales al amor
y Juan de Yepes, Juan de Yepes
y sus amenas liras

respira el poema silencioso de Valente
         la sutil sensualidad de Safo
         y los alejandrinos de Colinas

... porque es un acto de comunión]

III

COMO CAÑA AL VIENTO

Inclínate,
pues, como caña al viento: pero cuida
bien el dibujo de la curva: todo
es arte al fin.

ELISEO DIEGO

El trigo materno

¡Y si después de tantas palabras no sobrevive la Palabra!
César Vallejo

Deja que caigan las palabras
o se levanten a su amor.
Tal vez tracen los hilos
tal vez tomen tus manos y tu savia
para el andamio del poema.

Más allá del tiempo y los pájaros
más allá de la aguja y el vientre de la noche
hay un lenguaje que palpita
en el patio donde cose tu madre
y la abuela riega los crisantemos.

Más allá de las olas y el mar rojo
más allá del fuego en la gruta
hay un solsticio de vencejos
y una gramática *infinita*
en los juncos.

Pide a la tarde entendimiento
—intelijencia, dame el nombre—
pide la transparencia
del «no saber»
hasta morir en la pregunta.

Deja que caigan las palabras
al hueco del silencio
a tu boca matriz
donde crece el trigo materno
y el horizonte ejercita la luz.

PATIO VACÍO-
en un rincón girando
la hojarasca.

Al niño que fui

al niño que fui
cuando llegué a ser
luminosa presencia de la gracia.
Eugenio de Andrade

Vuelve el verano
y la cal reluce en los patios
cantan los grillos en los setos
y las flores trepan los muros.

Vuelve mi madre al remanso del río
—las sábanas sobre el romero—
a la corriente que todo lo arrastra
mientras nosotros perseguimos
renacuajos y mariposas.

Mañanas en la alberca que un tibio sol caldea
tiempo de siesta obligatoria
tardes de polos rallados en hielo
y noches en el cine de verano.

Viene la infancia
—antes hueca como una nuez vacía—
vuelve ahora dichosa
con la lumbre de la memoria.

TRAS LA LLUVIA DE ANOCHE
azulea una tibia claridad
en esta mañana de abril

Leo a Juarroz: *palabras que se dejan mirar*
las miradas como palabras
bajo el fulgor del aire.

Fuego y nieve

Donde penas y dichas no sean más que nombres.
LUIS CERNUDA

Tal vez seas
cítara que anhela unos dedos
diamante en la ceniza
o tal vez
pastizal a la espera del rebaño
con un águila en la mirada
y el cierzo en tu sonrisa.

En la tierra Nevada añoras
la luz del sur
¿volver? ¿a dónde?
si el camino acaba en tus huellas
si tus pies desnudos parten la nieve
y la noche se ha posado
en tu espalda.

Tu futuro como hoja en blanco
—en alas de amor inconstante—
quizás caiga sobre el papel
los renglones torcidos
de un Dios que no te escribe.

Y cribas la mañana
con el cedazo del poema
allí donde habita la luz
y el deseo brota entre ortigas
donde el fuego renace entre la nieve.

Respirar (3)

Mamá: quiero olvidar todas las cosas
en el final de mi respiración que canta.
Antonio Gamoneda

respirar a voces
todos los gritos son mi grito
todos los naufragios son el mío

¡respirar en un acto de rebeldía!
como un latigazo a los mercaderes
y a los cambistas
ladrones que aspiran el humus
y afanan la selva

respirar
para redimir la pleamar del cuerpo
menguante
la ceniza en el abrazo
los escombros en los muros de defensa

respirar

como el temblor de los álamos
como la hiedra susurra en los ventanales
y la costilla de adán
perfora el aire

entre la esclerosis de la ciudad
y los hilos que mueven las redes sociales
telas de araña que te ahogan
y *wallapean likes* a precio de saldo

respirar para nombrar
palabras como "garza", "arcilla","sauce"
para exhalar la voz
desde la cúpula del diafragma
hasta el pórtico de los labios

respirar

para limpiar la flema y el fraude
que tú mismo te crees
el humor pegajoso en los reflejos
de una imagen vidriada

respirar el otoño
los castaños rociados de hojas secas
la tierra aspira esta demolición
el mundo respira la luz

declina el tiempo
en el aire de Damasco
donde galopan
los caballos de la guerra
y los niños jadean
por las escuelas derruidas
con un llanto en los cornetes
nasales

es imposible respirar
con el gas del odio

respirar con la sístole y la diástole
del músculo primordial
el puente con el misterio
que vivaquea
la noche del sentido
en el pretil de la esperanza

respirar

yo no respiro
alguien respira en mí
yo no digiero
ni marco los latidos de mi corazón
yo no sueño
un ángel me sueña
un diablo me sueña
y el árbol me arrulla
entre ráfagas rugientes

respira la marea en los trigales
el invierno tirita en las raíces del cedro
y el aliento del granado
se desangra en la flor.

IV

CUANDO CALLAN LAS CEREZAS

Encuentro el silencio en las entrañas de quien canta.

DANIEL FARIA

Piel de invierno

No domines con penas y torturas,
soberana, mi pecho.

Safo

Ven y calienta
mi fría piel de invierno
baldea los rescoldos de tus labios
—un sutil roce de amapolas—
por el témpano de mis huesos.

Ven a regar la palma de mis manos
con un granizo de cerezas
y viérteme en tu pecho
—en el cóncavo nido de tu pecho—.
Me fundo y me confundo
no sé si es tu piel o mi piel
—temblor en la dama de noche—.

Te ofrezco mi espalda para soltar
los felinos del gozo
para rastrillar la nostalgia
y hacerte hilo en mi madeja.

Ven y esparce la espuma de tu pelo
la seda de tu sangre
en este río que agoniza
mar.

La mujer ceniza

Con Florencio Luque - Ai(m)ée

I- Animal insomne

Caen los pétalos del girasol
una estela de pureza en el temblor de la tarde.
Invoco ¿invoco?
la herida en las raíces del enebro
el umbral donde avanza la miseria.
Invoco (llamo hacia adentro)
la música solitaria en la angustia
el animal que palpita en el pecho
(*no duerme el animal*).

Tenedme piedad
si habéis amado

No dudes en tu descenso abisal a la memoria
aunque la lumbre proclame la verdad del relámpago
no hay gozo para tanta sed.

II- La soledad del vigía

El caos penetra la oscuridad
y concibe la noche y el éter.
El caos danza por el espacio
mientras el dios bosteza sobre
el sentido.

He aquí el espejismo de la tinta
su caducidad
sobre la mirada traslúcida.

He aquí la mujer ceniza
el hombre humo
sobre la cicatriz de la palabra.

Me duele la orfandad del agua
donde se disuelven los arpegios.
Me duele la lluvia estéril
la espera dormida de las vírgenes.

Nada nos pertenece en la soledad de la noche.

III- Umbral de nada

El límite se eleva plegaria al infinito
aguardo el sueño en la levedad del deseo
me demoro en el ámbar de las abejas

rotos los espejos
                el silencio
rota la máscara
                el agua y la piedra
consumido ya.

Retornar al origen.

Ahora la Nada Madre enciende el silencio
y el canto del mirlo deshace la niebla.

Treinta y tres nombres de Dios

«Un día recibí en París un manuscrito de Marguerite Yourcenar llamado "Les Trente-trois noms de Dieu". Eran brevísimos poemas, sin puntuación, a veces con una sola palabra en medio de la hoja. Los acompañaba una carta de la autora en la cual me decía que pensaba que sus poemas me gustarían, ya que eran breves como los míos».

SILVIA BARON SUPERVIELLE

1

La luz invernal de la tarde
sobre el niño dormido en el vagón

2

La niebla serpentea
entre los pinos
y sucumbe en el valle

3

Se despereza el gato
sobre el abuelo con alzhéimer
y arranca una sonrisa

4

Montañas verdes, sinuosas
como una mujer dormida
desnuda en la niebla

5

Las gotitas de lluvia en el cristal
al preparar el té

6

Al cesar la lluvia
el canto del mirlo

7

La uña que rasguea la guitarra
en los recuerdos de la Alhambra

8

Levantar una piedra
y despertar al escarabajo rinoceronte

9

La llave de la casa en Toledo
que guarda la niña sefardí

10

El gato ladea su mirada
atento a la hormiga

11
Sobre la arena
las huellas se pierden en el mar

12
El abrazo de la hermana mayor
que recoge las lágrimas

13
La ola se hace espiral
y luce su cabellera de agua

14
La ramita de avena
creciendo entre los raíles
abandonados

15
La mujer con su perro negro
hacia la arboleda cubierta de nieve

16
La mendiga apura
un chusco de pan
y se acercan los gorriones

17
La hoja seca en el fondo del charco:
la espera dormida

18
Los abejorros sobre el espliego
cubierto de rocío

19
En la ventana de la casa abandonada
crecen los crisantemos

20
Desde el alero
caen las gotas de lluvia
con alegría

21
Las manos serenas de un monje zen
sobre su regazo carmesí

22
Juntos en la rama:
la hoja a punto de caer
y la mariposa monarca

23
En el autobús al alba:
la superluna

24
Atardecer
la libélula inmóvil
en un pincho de la alambrada

25
El vuelo de los albatros
formando una corona en la cumbre

26
La amapola de Rilke
rubor desnudo
                    sobre el trigo verde

27
La vainilla
el olor de la vainilla

28
Un ciego palpando
los guijarros del río

29
El silencio
en los árboles secos
                    del desierto

30
Remolinos de agua
y el vaivén de los juncos

31
En las astillas de vidrio
las nubes rotas

32
El vuelo esmeralda y rojo del quetzal

33
Volver al río
donde pescan renacuajos
¡escalofrío de la niñez!

En la quietud del mundo

Con Shinkichi Takahashi

El jardín y el silencio
            —notas redondas en el pentagrama—
la herida sangra en la raíz del cerezo

las cerezas
            con el gozo de enmudecer.

Respirar (4)

Todo respira y da gracias.
RAINER MARIA RILKE

respirar
hasta el límite

el temblor de los labios
en el moribundo
el latir agonizante del gorrión
bajo el alero de nieve
el tajo de angustia
en la madre del niño asesinado
(¡tanto desgarro en una mujer
que no hay palabras para ella!)

respirar
para sacudir el cuerpo y desnudar
el fingimiento
para aullar
quebrar la armadura y la máscara
entre gritos caóticos

respirar entre ahogos

el aire corrupto en las matronas del mercado
el óxido que alimenta a los débiles
el humo nauseabundo de los jóvenes pistoleros
que alimentan los dueños del rifle

respirar el amoníaco de las cárceles
el metano en las demoliciones
el dióxido que deja la orfandad
en los mástiles de la tormenta

respirar

para limpiar el *spam* en los océanos
los troyanos de los bosques
el virus del calentamiento
para resetear el aire
descargar la Nube
restaurar los veneros
venerar la lluvia y la nieve

respirar

para vocear con la ventisca
para bucear la saliva acre
para habitar la ausencia
y arrullar el olvido

con derecho a la memoria
y a la cicatriz

la oscuridad no olvida el tuétano de la luz
la noche viene preñada de sol-
edad de las pupilas
la claridad por el cauce de las arterias

encender una vela de inocencia
en la espesura
besar la lengua de la zarza
ordenar el caos
las heridas

respirar sobre tus manos
exhalar sobre las pisadas
por la comisura de tu risa
orear el ánfora en tus lágrimas

inspirar la desnudez de la semilla
espirar la ebriedad del girasol
danzar juntos
por el barbecho
por la alegría.

Soy
apenas
un hombre que trata de respirar
por los poros del lenguaje.
RAFAEL CADENAS

A MODO DE EPÍLOGO

Has llegado hasta aquí, lector, *de la mano del aire*, respirando la luz del respirar poético de Gregorio Dávila, y si alguna utilidad o razón de ser tiene este epílogo, que sólo lo es en virtud de su lugar postrero (dado que nada cierra ni pretende hacerlo), es no servir de colofón al texto, sino propiciar la vuelta hacia el origen, desandar los versos en una suerte de plegaria de matrona que empuja, paradójicamente, hacia el retorno; porque en ese sentido es donde quedan la luz y el aire.

Dice Vila-Matas que la originalidad no existe, que todo lo que escribimos es la cita de alguien. Gregorio Dávila entiende esta idea a la perfección y, en lugar de buscar fórmulas que enmascaren las influencias, parte de la cita como discurso y método. Así, asumiendo la voz poética que emerge de todas sus influencias, logra hacer lo que una de sus citas, en este caso de Isabel Bono, nos adelanta: *ganarle unos metros a la oscuridad... solo se trata de eso*. Teillier, Maillard, Gamoneda, Simic, Pizarnik, Cernuda, Colinas, Valente o Vallejo habitan esta obra como en un collage o palimpsesto donde no se pretende *nombrar las cosas / sino hilarlas con la mirada*.

Después, *la música del aire* nos llena los pulmones, y la música es aquí un mirar del alma, por ello es luz. La palabra alma procede de la latina *anima* y del griego *ánemos*, cuyo significado es viento, de ahí que la música del aire sea la virtud semoviente de lo que tiene vida. El poeta, por tanto, tan sólo contempla y lo traslada, como confiesa en la cita de Rosales: *el aire es mi maestro*. Respirar es un observar que, careciendo de acción, es acción en sí misma; acción poética, en resumen.

Y *como una caña al viento*, el texto se acomoda a las ráfagas y hace de su versatilidad un don sencillo de *intelijencia* transparente donde alguien respira dentro del poeta. Entonces *callan las cerezas* y *ahora la Nada Madre enciende el silencio / y el canto del mirlo deshace la niebla*. Dios tiene *treinta y tres nombres* con aroma oriental en la amapola de Rilke y, sin embargo, *las cerezas no dicen nada* de la herida que sangra en la raíz del cerezo. Pero tú, lector, puedes respirar, *respirar hasta el límite* con la poesía que lo hace *por los poros del lenguaje* de la mano del aire de este poemario. Qué pobre y vacuo sería este epílogo si, en el fondo, no fuese más que un prólogo encubierto para incitar al regreso y respirar de nuevo.

Isaac Páez
mayo 2024.

NOTA DEL AUTOR

Citas y referencias

Todas las citas están señaladas en letra cursiva a lo largo de los poemas.

-*Respirar (1)*:

“nos mudamos de una tina a otra tina” procede de un haiku del maestro japonés Kobayashi Issa (1763-1827).

“para ahuyentar la angustia” del poema *Escribir* de Chantal Maillard.

-*Del enigma al canto*: “el cuervo grazna un siniestro ‘¡Jamás!’” es del poema *El Cuervo* de Edgar Allan Poe.

-*Ciudad otoño*:

“*monotonía* del tiempo en la clase” se refiere a un verso de Antonio Machado.

“El viejo profesor se hace preguntas / pero ¿quién puede responder? / (Jania ya se marchó)” hace referencia a unos versos de Alejandro Duque Amusco en su libro *Un único corazón*.

-*Partir*: “Dios está azul” del poema *Mañana de la cruz* de Juan Ramón Jiménez.

-*Respirar (2)*:

"el aire lloró al ver las duquelas en mi corazón" es un verso de una letra de cante flamenco.

"[respirar es un acto poético... porque es un acto de comunión]" es una frase del ensayo *El arco y la lira* de Octavio Paz.

"y sus amenas liras" del poema *Cántico espiritual* de San Juan de la Cruz.

-*El trigo materno*:

"infinita en los juncos" en referencia al libro *El infinito en un junco* de Irene Vallejo.

"intelijencia, dame el nombre" del libro *Eternidades* de Juan Ramón Jiménez.

-*Fuego y nieve*: "en alas de amor inconstante" del poema *Nevada* de Luis Cernuda.

-*Respirar (3)*: "el mundo respira la luz" de un poema de *Madre del agua* de Gregorio Dávila de Tena.

-*La mujer ceniza*:

"no duerme el animal" es el título de un libro de Ada Salas.

"Tenedme piedad / si habéis amado" son versos de *Ai(m)ée* de Florencio Luque.

-*Respirar (4)*: "respirar sobre tus manos" del poema *Caigo sobre unas manos* de Antonio Gamoneda.

Sobre el título del libro

Barajé muchas opciones, como suelo hacer, para buscar un título a este libro. Consulté a Elvira y a varios amigos poetas. Buscaba algo relacionado con el aire y la respiración, ya que el contenido del poemario gira en torno a este tema. Me costaba trabajo tomar una decisión.

Un día escuchando a Amancio Prada me vino de pronto el recuerdo de su álbum *De la mano del aire*. Me pareció un verso hermoso y un buen título. Me puse a investigar el origen del nombre de ese álbum y vi que estaba relacionado con la canción *Nana de Cupido*. Quise saber si la letra de la canción era de Amancio Prada o de otro autor. Y esto me llevó al poema *Trilogía del niño amor* de Isabel Escudero, que fue compañera de Agustín García Calvo, poeta al que Amancio ha musicado bastante. La letra de *Nana de Cupido* tiene una parte del poema de Isabel Escudero y otra de Amancio Prada.

Pues resulta que Isabel era natural de Quintana de la Serena (Badajoz), mi pueblo natal. Me quedé asombrado por la casualidad y la coincidencia, y esto hizo que acabara decidiéndome por ese título: *De la mano del aire*.

GRATITUD

A estas alturas de la vida brota de forma natural el agradecimiento, el oficio de la gratitud como camino de generosidad y cordialidad.

Quiero dar las gracias de corazón:
a Isaac Páez por su amistad, el excelente epílogo y la revisión del poemario,
a Ana Isabel Alvea por su cercanía y apoyo generoso en este libro,
a Sara Castelar y Javier Sánchez Menéndez por su aprecio lector y sus sabios consejos,
a José Manuel Martín Portales por su fraternidad poética,
a Juan José Martínez y José Antonio Polonio por su amistad y aliento afectuoso,
a José Luis Ruiz Calzado, José Ramón Gómez Puerto y José Hurtado por su cercanía amigable y sintonía vital,
a mis amigos lectores por sus atentos comentarios,
a los escritores y poetas compañeros que me cobijan por este sendero de la poesía,
a la editorial Averso por su acogida y el cuidado en esta edición.

A Fernando Rodríguez-Izquierdo y a Vicente Haya por su aliento en el camino del haiku,
a los siguientes escritores y poetas por su inspiración y su voz cercana: San Juan de la Cruz, Kobayashi Issa, Edgar Allan Poe, Rainer Maria Rilke, Juan Ramón Jiménez, Antonio Machado, César Vallejo, Luis Cernuda, Octavio Paz, Ernesto Cardenal, María Zambrano, José Ángel Valente, Luis Rosales,

Antonio Gamoneda, Félix Grande, José Hierro, Jorge Teillier, Roberto Juarroz, Julia Uceda, Clara Janés, Chantal Maillard, Ada Salas, Antonio Colinas, Hugo Mujica, Rafael Cadenas, Daniel Faria, Ángel Guinda, Alejandro Duque, Irene Vallejo, Eduardo Moga, Tomás Sánchez Santiago, Juan Carlos Mestre, José Mateos, Andrés Sánchez Robayna, José Luis Rey, Julia Otxoa y tantos otros que voy descubriendo y leyendo.

DEDICATORIA

Dedico este poemario a Elvira que siempre me acompaña y apoya en este camino del corazón y es mi primera lectora con su *opinión sincera y severa,*
a mis hijos Irene y Pedro, a Rosa y Paula, por su cariño y calidez,
a mi madre y a mis hermanos por su afecto constante,
a los que padecen enfermedades como el cáncer, ELA, demencia y alzhéimer, para que tengan consuelo y esperanza junto con sus familiares y cuidadores,
a los que sufren la soledad, el desamparo y la orfandad por la pérdida de seres queridos.

Dedico los siguientes poemas:

-*Unidad* a Mercedes Muras.
-*Cambio de viento* a Ana Recio.
-*Indecisa luz* a María Ruiz y Lola Terol.
-*Cosas que lleva un poeta en la mochila* a Reyes García-Doncel y Elena Marqués.
-*Respirar* a Chantal Maillard.
-*Del enigma al canto* a Fernando Mora.
-*Ciudad otoño* a Alejandro Duque Amusco.
-*Partir* a Lucía Ruiz.
-*El trigo materno* a María del Mar Hernández y José Carlos Becerra.
-*Al niño que fui* a José Martín y Ana Montaño.
-*Fuego y nieve* a Pilar Morillo y Esmeralda Morillo.
-*Piel de invierno* a Manolo Garo y Conchi Castillo.
-*La mujer ceniza* a Florencio Luque.
-*Treinta y tres nombres de Dios* a Carlos Peinado Elliot.
-*En la quietud del mundo* a Lita Gómez Terrón.

ÍNDICE

I. Un respirar en paz

II. La música del aire

III. Como caña al viento

IV. Cuando callan las cerezas

*

Este libro se terminó de editar en Granada
en octubre de 2024 por

www.aversopoesia.com
hola@aversopoesia.com